LE LABEL YLIGA

C'est une initiative portée par plusieurs maisons d'édition, qui souhaitent faire de ce label une marque de fabrique et de traçabilité d'ouvrages édités de façon la plus respectueuse possible de l'environnement.

On ne peut pas vous promettre le « zéro déchet » ou le « zéro pollution » mais on vous propose des ouvrages plus éco-responsables. Une nouvelle manière de lire le monde grâce à nous tous, éditeurs, auteurs, imprimeurs, distributeurs, libraires, lecteurs.

Parce que le livre doit servir la planète sans l'abîmer !

- Des livres qui traitent d'environnement, de bien-être, de « bien-manger », de conscience écologique, sociale et politique, des livres pour les adultes et pour les enfants, des livres qui donnent du sens en plaçant notre planète au cœur de notre quotidien, de notre réflexion.
- **Moins de papier :** des formats d'ouvrage choisis pour leur très faible gâche de matière.
- **Un papier certifié** aux normes environnementales FSC et PEFC (des écolabels garantissant une gestion durable des forêts).
- **Moins de produits chimiques :** utilisation d'encres végétales, absence de vernis et de pelliculage issu de la pétrochimie.
- **Pas de couverture cartonnée ni de film plastique** protégeant les ouvrages.
- **Impression simultanée** des couvertures d'ouvrages de même format.
- **Impression en France** à moins de 500 km de nos entrepôts. Pas d'impression en Asie, pas de transport aérien.
- **Des process repensés :** suppression des tirages papier pour contrôler les étapes de fabrication avec le photograveur et l'imprimeur, facturation 100 % numérique, diminution des services de presse papier, une communication essentiellement numérique.

* Yliga, pourquoi ce nom ? C'est le nom, en langue moré, d'un arbre aux vertus médicinales qui vit entre le Sahara et l'Afrique tropicale et qui, comme d'autres essences, a su s'épanouir dans des conditions environnementales difficiles. Il est, pour nous, un symbole de l'adaptation nécessaire et possible, de même qu'un exemple d'exploitation vertueuse des ressources naturelles.

YLIGA - ÉCO-RESPONSABLE -

ALICE MOIREAU

textes de Paul-Henry Bizon

AU PAYS D'ALICE

*60 recettes de famille
à toujours garder sur soi*

Éditions
de La Martinière

sommaire

portrait de famille

Pour Alice, la vie s'écoule en même temps des deux côtés du miroir.

Face publique, elle prend la pose pour les créateurs chéris de la jeunesse millennial, enchaîne les shootings et les campagnes de pub. Face privée, dans l'intimité, elle continue de nourrir les rêves cuisiniers de son enfance, d'inventer des recettes et de mettre la table pour des dizaines d'amis. Mais qu'on ne s'y trompe pas : la cuisine est son vrai pays !

Chaque fois que je croise Alice, elle ne me parle jamais de ce que les gens voient d'elle. Elle aurait pourtant beaucoup à raconter sur sa vie de mannequin, ses fringues, ses voyages, ses rencontres... Et, même si ces sujets m'intéressent modérément, je me verrais mal lui reprocher son bonheur de faire des pubs pour Lancel ou de poser pour Carne Bollente. Après tout, sa vie fait fantasmer des dizaines de milliers de personnes sur Instagram et nombreux sont ceux qui s'en satisferaient.

Mais non. Alice préfère me parler de plats, de produits, de goûts, de recettes, de souvenirs, d'envies... Cuisiner avec sa famille ou ses amis, partager avec eux les bonheurs printaniers d'un pique-nique ou d'un plat de gnocchis sont les seules choses qui l'intéressent vraiment. Alors, un jour, j'ai voulu comprendre et je lui ai demandé de me raconter d'où lui venait cette passion débordante pour la cuisine.

Née en 1996 à Paris, Alice passe pourtant son enfance à Olivet, dans une ancienne guinguette – précisément la partie où se trouvaient les fourneaux du restaurant ! – des bords du Loiret achetée sur un coup de tête par ses parents artistes. Est-elle inspirée par l'esprit des lieux ? On serait tenté de le croire car, dès son plus jeune âge, elle développe une fixette sur la bouffe comme d'autres enfants se passionnent pour les

jeux de construction, les consoles ou le sport. Elle passe ses week-ends à chiner (très sérieusement !) des pièces de dînette dans les brocantes et à sillonner les marchés du coin avant de concocter les repas de famille avec son père aquarelliste.
Son père est un autodidacte des fourneaux. Il aime recevoir, partager ses trouvailles. Il cuisine les recettes de son enfance, en rapporte d'Italie où il voyage pour son travail,

adapte, assaisonne, bricole en fonction de ce qu'il trouve sur le marché. Il ne regarde pas à la dépense concernant la nourriture. Ce qui lui importe, c'est le goût, la fraîcheur des produits. À côté, sa mère compose la table comme ses tableaux, décore avec quelques fleurs du potager, choisit les nappes et les pièces de vaisselle ancienne, met en scène. Alice s'imprègne de cette ambiance des dimanches midi, des rires et des

journées qui s'étirent, et la reproduit avec ses poupées, envisage de faire des crêpes sur le marché, d'ouvrir un glacier, économise son argent de poche pour acheter une fois par an des serviettes au Bon Marché, fabrique ses propres pâtes qu'elle fait (trop) cuire en secret dès que ses parents ont le dos tourné… Elle n'a qu'un rêve : ouvrir son restaurant.
En attendant, adolescente, elle est repérée dans la rue et participe à ses premières

campagnes. Le succès lui offre l'indépendance mais ne lui fait pas renoncer à ses inspirations profondes. Ce sera d'abord un IUT, histoire de s'installer (enfin !) à Paris, suivi d'un diplôme supérieur d'arts appliqués à l'école Estienne pour renouer avec ses racines artistiques, puis un master à Sciences Po en alternance avec le *Fooding*.

Pendant ce temps, entre deux séances de mannequinat, elle commence à mettre en scène ses recettes sur Instagram qui, contre toute attente, rencontrent un grand succès.
Sans le préméditer, en ouvrant ainsi les portes de son pays, Alice a dévoilé son style, celui que nous avons essayé de transcrire dans ce livre, celui d'une cuisine au naturel, facile d'accès, bohème, cosmopolite, élégante et rieuse, parce que, comme elle le dit si bien :

« Cuisiner, c'est la vie ! »

Des recettes à base de
légumes et de fruits frais
à réaliser au retour
du marché pour
profiter sans tarder
du beau temps.

1. pique-nique

SALADE DE haricots blancs

pour 3 personnes, il faut :

1 bocal de gros haricots blancs (de type Soissons), 1 petit oignon rouge, 3 branches de céleri, 4 tomates grappe, ½ botte de menthe, le jus d'½ citron, 3 cuil. à soupe d'huile d'olive, sel, poivre

1 — Dans un grand saladier, on fait une vinaigrette avec l'huile d'olive, le jus du demi-citron, du sel, du poivre et l'oignon coupé finement en rondelles.

2 — On ajoute le céleri coupé en petits tronçons de 2 cm.

3 — On coupe les tomates en morceaux.

4 — On hache grossièrement la menthe et on ajoute le tout à la vinaigrette.

5 — On verse les haricots blancs, on mélange et c'est prêt !

COURGETTES CRUES

parmesan & pignons

pour 4 personnes, il faut :

4 courgettes, 1 morceau de parmesan, 4 poignées de pignons de pin, le jus d'1 citron, 1 botte de ciboulette, 4 cuil. à soupe d'huile d'olive, sel, poivre

1 — Avec l'économe, on râpe la chair des courgettes (épluchées) en lamelles en s'arrêtant aux pépins.

2 — Dans une poêle, on torréfie gentiment les pignons à sec jusqu'à ce qu'ils soient juste dorés.

3 — Dans un saladier, on mélange l'huile d'olive avec le jus du citron, du sel et du poivre et on ajoute la ciboulette hachée.

4 — C'est le moment d'intégrer les lamelles de courgette et de bien mélanger.

5 — Avant de servir, on intègre les pignons et on râpe des copeaux de parmesan (à l'économe) au-dessus de chaque assiette. Plus y en a, meilleur c'est !

SALADE DE POIS CHICHES

aux herbes & à la grenade

pour 4 personnes, il faut :

600 g de pois chiches en bocal (déjà cuits), 2 oignons nouveaux, 1 botte de coriandre, 1 botte de persil, 1 botte de menthe, 1 grenade, 1 endive, 100 g d'amandes, le jus d'1 citron, 4 cuil. à soupe d'huile d'olive, sel, poivre

1 — Dans un grand saladier, on mélange l'huile d'olive, du sel et du poivre comme pour une vinaigrette en remplaçant le vinaigre par le jus de citron.

2 — On ajoute les oignons nouveaux émincés très finement jusqu'au début de la tige.

3 — Au couteau, on hache toutes les herbes jusqu'à obtenir une sorte de nuage vert très fin, qu'on ajoute à la sauce avec les graines de la grenade. On mélange.

4 — Ensuite, on intègre l'endive grossièrement coupée et les pois chiches égouttés, puis on mélange à nouveau.

5 — Juste avant de servir, on ajoute les amandes torréfiées à la poêle et concassées grossièrement au couteau.

6 — Un dernier tour de cuillère en bois et c'est parti !

POIVRONS MARINÉS à l'ail

pour 4 personnes, il faut :

6 poivrons rouges,
2 gousses d'ail,
huile d'olive,
sel, poivre

1 — Au four, à 180 °C, directement sur la plaque, sans rien, on fait cuire les poivrons au gril en prenant soin de les retourner régulièrement pour que tous les côtés soient grillés de façon homogène. La peau doit être brûlée, c'est normal.

2 — Une fois les poivrons cuits, on les laisse refroidir un peu, puis on enlève la peau à la main et on les vide de leurs pépins avant de les couper en lamelles.

3 — Dans un plat, on dispose les lamelles de poivron avec l'ail finement ciselé, on sale, poivre et on couvre d'huile d'olive.

4 — Après une nuit au frigo : mangez sans fin !

Astuce : ajouter des feuilles de basilic frais à la marinade en même temps que l'ail. On peut aussi réaliser cette recette avec des poivrons jaunes.

SALADE DE SARRASIN
fenouil, citron confit & féta

pour 4 personnes, il faut :

400 g de graines de sarrasin, ½ citron confit, 1 bulbe de fenouil, 1 tranche de féta, 1 botte de ciboulette, 2 oignons nouveaux, assortiment de graines : courge, tournesol, sésame, chia, ½ citron, huile, sel, poivre

Je tire cette recette de mes amis Mouss & Nik, qui me préparent cette salade religieusement à chaque petit déjeuner que nous partageons ensemble à Marseille.

1 — On commence par faire cuire le sarrasin pendant neuf minutes dans de l'eau bouillante. On égoutte et on le laisse refroidir tranquillement.

2 — Pendant ce temps, dans un grand saladier, on prépare une vinaigrette avec l'huile d'olive, du sel, du poivre, en remplaçant le vinaigre par le jus de citron.

3 — On hache menu la ciboulette et les oignons nouveaux qu'on ajoute à la sauce.

4 — On fait la même chose avec le citron confit, puis le fenouil qu'on découpe en fines lamelles dans le sens de la hauteur.

5 — On mélange le tout dans le saladier en ajoutant plein de graines au choix et la féta émiettée.

6 — La préparation est fin prête. C'est le moment d'intégrer notre sarrasin bien froid et de mélanger avec grâce. À table !

Astuce : ajouter des raisins secs. Cette salade peut devenir une belle garniture pour un poisson vapeur.

CARROTTES RÂPÉES

vinaigrette à l'orange

pour 2 personnes, il faut :

3-4 belles carottes de couleurs différentes si on trouve, le jus d'1 orange, le jus d'½ citron, 3 cuil. à soupe de sucre, 2 cuil. à soupe d'huile d'olive, 1 botte de coriandre, 1 oignon rouge, 6 abricots secs, 1 ramequin de graines diverses : courge, tournesol, chia, etc., sel, poivre

1 — On commence par laver, éplucher et râper les carottes.

2 — Dans une petite casserole, on fait chauffer le jus d'orange et le sucre pour le dissoudre, puis on laisse refroidir.

3 — Dans un saladier, on ajoute à ce sirop d'orange le jus de citron, l'huile d'olive, la botte de coriandre hachée, l'oignon rouge émincé, les abricots secs coupés en petits cubes, les graines, du sel et du poivre.

4 — Il ne reste plus qu'à mélanger le tout avec les carottes râpées : c'est prêt !

SALADE DE CHOU ROUGE, COMTÉ

noix & ciboulette

Allez, il faut bien se l'avouer, on miaule rarement d'envie en croisant le dos luisant d'un chou rouge sur l'étal d'un maraîcher. Non pas que sa silhouette de boule parfaite et ses reflets violets (plutôt que rouges, bah oui) ne soient pas séduisants, non, c'est qu'on ne sait jamais quoi en faire et qu'on se dit qu'on n'en aura toujours trop et qu'une fois le premier quart mangé, le reste va mourir à petit feu dans le frigo. Stop ! Voici la recette idéale pour redonner la tendresse qu'il mérite à ce mal-aimé des potagers.

pour 2 personnes, il faut :

1 petit chou rouge ou le quart d'un gros, 1 dizaine de noix, 1 oignon nouveau, 1 botte de ciboulette, 50 g de raisins secs, 200 g de vieux comté, 1 cuil. à soupe d'huile d'olive, 1 cuil. à soupe d'huile de noix, 1 cuil. à soupe de vinaigre de cidre, sel, poivre

1 — La recette commence par un jeu amusant : concasser les noix.

2 — Ensuite, on émince le chou rouge.

3 — Dans un saladier, on prépare la vinaigrette en mélangeant l'huile d'olive, l'huile de noix, le vinaigre de cidre, du sel et du poivre.

4 — On hache menu la ciboulette et l'oignon nouveau.

5 — On coupe le vieux comté en petits dés. Et on mélange tous les ingrédients pour un résultat moelleux-craquant trop bon !

Astuce : pour que le chou rouge soit un peu plus moelleux, le malaxer à pleines mains avec quelques grains de gros sel jusqu'à ce qu'il commence à rendre de l'eau.

TABOULÉ
de ma marraine

pour 4 personnes, il faut :

400 g de semoule,
1 bocal de câpres,
1 oignon rouge,
1 botte de menthe,
200 g de pois chiches,
200 g de raisins secs,
le jus d'1 citron,
huile d'olive, sel, poivre

Il y aurait beaucoup à dire sur le taboulé, semoule, boulgour, tomate, pas tomate… mais je ne suis pas qualifiée pour trancher tous ces débats. Moi, je veux juste vous faire découvrir la recette de ma marraine parce qu'elle est simple et qu'elle change des taboulés que l'on croise à tous les coins de pique-niques !

1 — Pour préparer la semoule, c'est très simple. Dans un saladier, on la couvre d'eau bouillante et on laisse gonfler à couvert pendant 15 minutes.

2 — Pendant ce temps, on hache l'oignon et la menthe.

3 — On égraine la semoule avec une fourchette.

4 — Dans un grand saladier, on mélange tous les ingrédients avec la semoule sans oublier d'ajouter un peu d'huile d'olive et de bien assaisonner.

Astuce : râper le zeste d'un citron.

Toutes ces petites choses
qu'on achète par habitude
ou qu'on hésite à faire
alors qu'elles se réalisent
à la maison en trois coups
de cuillère à pot.

2. tadah !

SOUPE FROIDE
concombre & menthe

pour 4 personnes, il faut :

2 beaux concombres,
600 g de yaourt grec,
½ botte de menthe,
1 gousse d'ail,
sel, poivre

Simple comme bonjour et trop bonne, cette soupe froide va devenir la meilleure amie de votre été.

1 — On commence par éplucher les concombres et par les détailler en gros dés en gardant les pépins.

2 — On ajoute le yaourt grec, la menthe et la gousse d'ail râpée, on assaisonne (beaucoup de poivre !) et on passe au mixeur.

3 — On réserve au frigo pour la servir bien fraîche.

Astuce : on peut réaliser la recette la veille, et pour plus de gourmandise, ajouter un filet d'huile d'olive avant de servir.

PÂTES AUX ŒUFS
& pesto maison

pour les pâtes pour 4 personnes, il faut :

300 g de farine, 3 œufs

pour le pesto, on a besoin de :

2 gousses d'ail, 25 g de pignons de pin, 40 g de feuilles de basilic, 75 g de parmesan râpé (plus pour saupoudrer), huile d'olive, sel

Faire sa *pasta* maison ? C'est le genre de recettes qui peut sembler totalement impossible alors qu'en réalité, c'est assez simple. Il faut juste avoir un peu de temps devant soi et un peu de place (et aussi une machine, c'est vrai !). Mais le résultat, barbouillé d'un pesto maison, fait drôlement kiffer.

1 — Dans un saladier, on mélange la farine avec les œufs, d'abord à la cuillère et ensuite à la main.

2 — Une fois que la pâte est bien ferme, on pétrit à la main pendant cinq minutes, jusqu'à obtenir une boule assez ferme.

3 — À ce moment-là, on la laisse reposer 30 minutes dans un saladier sous un torchon, et on en profite pour faire le pesto.

4 — Dans un mortier, on commence par écraser l'ail avec le sel, puis les pignons, jusqu'à obtenir une petite pâte un peu huileuse.

5 — On ajoute les feuilles de basilic qu'on réduit avec tendresse. On mélange ensuite avec le parmesan avant d'incorporer l'huile d'olive (environ huit cuillerées à soupe) petit à petit. C'est l'heure de retourner à nos *pasta*.

6 — Sur un grand plan de travail fariné, on commence par étaler un peu la boule avec un rouleau à pâtisserie. Et puis on règle la machine sur le cran 0 et c'est parti.

7 — On passe et repasse la bande de pâte (sans oublier de la fariner) dans la machine en montant d'un cran à chaque fois jusqu'à 5 ou 7, selon l'épaisseur désirée.

8 — Il est alors temps de couper dans la longueur et de détailler les tagliatelles avant de les suspendre sur un fil.

9 — Maintenant, c'est la partie la plus facile. On attrape délicatement les pâtes pour les plonger deux minutes dans l'eau bouillante salée.

10 — En les sortant, on conserve un tout petit peu d'eau de cuisson et on la mélange avec le pesto en ajoutant un peu d'huile d'olive.

11 — Une fois dans l'assiette, on les saupoudre d'une bonne poignée de parmesan râpé.

RICOTTA maison

pour faire sa ricotta, il faut :

1 litre de lait entier, 25 cl de crème entière liquide, 3 cuil. à soupe de jus de citron, 1 pincée de gros sel

La dernière fois que je suis allée chez mon fromager et que je lui ai dit que j'avais fait ma ricotta maison, il m'a prise pour une dingue. Même lui pensait qu'il fallait disposer d'un labo pour faire correctement cailler le lait. En fait, il s'agit d'une simple astuce et je vous la donne tout de suite.

1 — Dans une casserole, on met à cuire le lait et la crème sur feu moyen.

2 — Pendant ce temps-là, on prépare un saladier et un égouttoir dans lequel on place une étamine (à défaut, un torchon aux mailles légères fera très bien l'affaire).

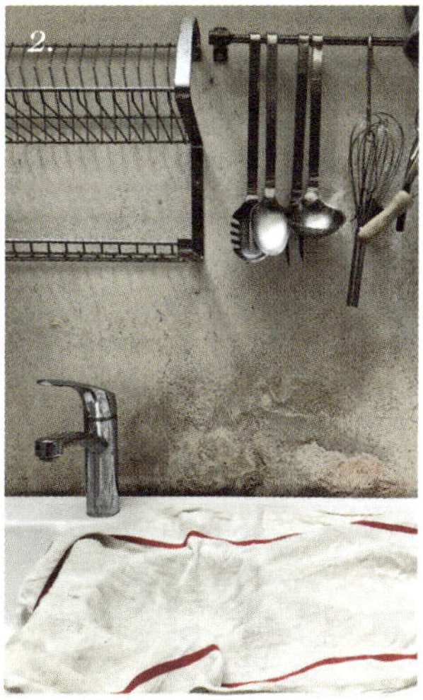

3 — Quand le lait commence tout juste à bouillir mais qu'il ne bout pas encore (une petite couche plus épaisse se forme à la surface), on ajoute le jus de citron. On mélange pendant deux à trois minutes à feu moyen-fort jusqu'à ce se forme le fromage.

4 — Une fois que tout le lait est caillé, on verse la ricotta dans le torchon au-dessus de l'égouttoir et du saladier. On replie les coins du torchon et on ferme avec un élastique avant de le suspendre au-dessus de l'évier pendant 30 minutes.

5 — On ouvre et, magique ! il ne reste plus qu'à faire griller une tartine, étaler la ricotta, saler, poivrer et ajouter un peu d'huile. On peut même y déposer quelques morceaux de tomate et du basilic.

Astuce : utiliser le petit-lait pour la cuisson des gnocchis ou des pâtes.

GUACAMOLE

pour 4 personnes, il faut :

2 avocats bien mûrs,
le jus d'1 citron vert,
1 piment rouge,
1 oignon rouge,
quelques branches
de coriandre,
1 tomate romaine
huile d'olive,
sel, poivre

1 — On commence par récupérer la chair des avocats dans un grand bol et on la coupe grossièrement en morceaux.

2 — Avec une fourchette, on l'écrase jusqu'à obtenir une pâte homogène.

3 — On ajoute le jus du citron vert, un peu d'huile d'olive (ce n'est pas réglementaire mais j'aime bien), du sel, du poivre et le piment haché menu.

4 — Ensuite, on mélange le tout avec l'oignon et la coriandre hachés et la chair des tomates coupées en tout petits dés.

BABA GANOUSH

pour 1 bol de baba ganoush, il faut :

2 aubergines, 1 cuil. à soupe de tahini, 1 cuil. à soupe d'huile d'olive, le jus d'½ citron, 1 gousse d'ail, sel, poivre

Le baba ganoush, c'est d'abord un nom qui fait saliver à l'avance, goûtu et chaleureux comme la cuisine des pays d'Orient d'où il est originaire. C'est surtout une petite variante facile au caviar d'aubergine à servir en mezze à l'apéro.

1 — La première étape est la plus marrante : on perce la peau des aubergines avec une fourchette et on les fait cuire directement sur le gaz jusqu'à ce qu'elles soient bien cramées et molles. En fonction des saisons, on peut aussi les faire cuire à la cheminée. L'important, c'est qu'elles soient cuites entières et qu'elles prennent le goût du feu.

2 — Une fois que les aubergines ont refroidi, on enlève la peau à la main. Pas besoin que ce soit nickel, on peut laisser quelques morceaux de peau.

3 — Dans une petite assiette, on écrase la chair des aubergines, puis on ajoute le tahini, l'huile d'olive, le jus du demi-citron, la gousse d'ail bien hachée, du sel, du poivre et tadah !

Astuce : parsemer de graines de grenades. Cette recette peut être réalisée dans de plus grandes quantités et se conserver au frigo pour être dégustée toute la semaine.

GALETTES
de panais

pour 9 galettes, il faut :

3 beaux panais, 300 g de comté, 1 botte de ciboulette,
2 cuil. à soupe de farine, 1 œuf, noix de muscade râpée,
beurre pour la cuisson, sel, poivre

1 — On épluche les panais et on les râpe avec la râpe à fromage. On râpe le comté. On émince la ciboulette.

2 — Dans un grand saladier, on rassemble tous les ingrédients, on assaisonne et on mélange (avec les mains, c'est plus rigolo) jusqu'à obtenir une grosse boule bien homogène.

3 — Ensuite, on façonne de plus petites boules qui vont devenir les galettes.

4 — Dans une poêle, on fait fondre du beurre et on cuit les galettes (bien aplaties !) environ quatre minutes de chaque côté, histoire qu'elles soient bien dorées.

Astuce : servir avec une salade d'endives simplement assaisonnée avec de l'huile de noix et du persil plat haché.

FRITES DE CAROTTE

avec mon aïoli

pour 2 personnes, il faut :

6 belles carottes, 1 jaune d'œuf,
1 cuil. à café de moutarde, 2 gousses d'ail,
150 ml d'huile d'olive, sel, poivre

1 — D'abord, on fait les frites en épluchant les carottes et en les débitant en bâtonnets de 5-6 cm.

2 — On les place sur un papier cuisson directement dans la lèchefrite et on les badigeonne d'huile d'olive, on sale, poivre et on enfourne à 180 °C pendant une heure environ tout en les retournant de temps en temps.

3 — Pendant ce temps-là, on monte une mayonnaise en mélangeant avec un fouet le jaune d'œuf, la moutarde, du sel et du poivre et en versant progressivement l'huile d'olive.

4 — À côté, on hache très finement les gousses d'ail qu'on recouvre de sel fin avant de les écraser avec la lame du couteau jusqu'à obtenir une sorte de pâte.

5 — On mélange la pâte d'ail à la mayo, et en avant pour le grignotage !

Astuce : pour faire un vrai aïoli, écraser l'ail au mortier, puis mélanger avec un jaune d'œuf en ajoutant de l'huile d'olive.

PICKLES

pour ces 3 recettes, on utilise :

Navet blanc et navet boule-d'or, graines de poivre de Tellicherry, radis bleu, graines de poivre du Timut, fenouil, graines de coriandre

Pour les pickles, il faut toujours respecter la règle de 3 (1 volume de sucre, 2 de vinaigre et 3 d'eau) :
500 g de sucre en poudre
1 litre de vinaigre blanc
1,5 litre d'eau

1 — On commence par stériliser les bocaux (à élastiques hermétiques) avec de l'eau bouillante.

2 — On coupe les légumes en petits morceaux, rondelles, bouquets, bâtonnets... en fonction de leur anatomie et de son humeur.

3 — On porte à ébullition le vinaigre, l'eau, le sucre et les aromates en mélangeant bien.

4 — On dispose les légumes dans les bocaux, puis on verse dessus le liquide bouillant.

5 — On laisse refroidir, on ferme les bocaux et on les oublie quatre à cinq jours au frigo avant de les déguster.

Astuces : on peut faire des pickles avec toutes sortes de légumes : chou-fleur, oignon rouge, radis, céleri, concombre, fenouil, navet...
Quelques autres idées : carottes & graines de moutarde, concombre & flocons de piment rouge, chou-fleur & graines de cumin, radis & bâton de cannelle & badiane.

Des recettes intemporelles,
à se transmettre de
génération en génération,
pour ne pas les oublier.

3.
tradi

SALADE DE POMMES DE TERRE NOUVELLES

sauce gribiche

pour 4 personnes et la sauce gribiche, il faut :

500 g de petites pommes de terre nouvelles, 2 œufs durs, 1 cuil. à café de moutarde, 2 cuil. à soupe de vinaigre, 175 ml d'huile de tournesol, 4 oignons nouveaux, 8 cornichons moyens, ½ pot de câpres, estragon, cerfeuil, persil, sel, poivre

Cette recette a pour but de réparer l'injustice faite à la sauce gribiche. À force d'être associée à la tête de veau et ses accents pompidoliens, elle a disparu de la cuisine de tous les jours alors que c'est juste un gros kif ! Voici une manière de l'utiliser très simplement.

1 — On commence par faire cuire les pommes de terre en robe des champs à la vapeur jusqu'à pouvoir les traverser facilement avec la pointe d'un couteau, puis on les laisse refroidir.

2 — Pendant ce temps-là, on prépare la divine gribiche.

3 — On écrase les jaunes d'œufs avec la moutarde et le vinaigre, puis on monte une mayonnaise au fouet en ajoutant du sel et du poivre et en versant progressivement l'huile de tournesol.

4 — Ensuite, on hache les blancs d'œufs et les oignons finement, puis les herbes, les cornichons et les câpres et on mélange le tout allègrement.

5 — On arrose les pommes de terre de cette sauce, on mélange et miam !

Astuce : ajouter des œufs de saumon à la salade pour un bonheur total.

QUATRE-QUARTS

pour 6 personnes, il faut :

120 g de sucre en poudre, 120 g de beurre (plus pour le moule), 3 œufs, 120 g de farine, ½ sachet de levure, 1 sachet de sucre vanillé

1 — Dans un saladier, on mélange le sucre, le beurre fondu et les œufs au fouet électrique jusqu'à obtenir une pâte semi-liquide, semi-granuleuse.

2 — On intègre la farine, la levure et le sucre vanillé préalablement mélangés en fouettant (très !) énergiquement pour que la pâte devienne homogène, solide mais quand même crémeuse.

3 — On verse le tout dans un moule à cake bien beurré et on enfourne pour 40 à 45 minutes à 160 °C.

Astuce : remplacer le sachet de sucre vanillé par 1 cuillerée à soupe d'eau de fleur d'oranger.

ŒUFS mimosa

pour 4 personnes, il faut :

8 œufs (plus 1 pour la mayo), 1 cuil. à café de moutarde, 175 ml d'huile de tournesol, estragon, sel, poivre

1 — On fait cuire les œufs 10 minutes dans une casserole d'eau bouillante, puis on les laisse refroidir un petit moment dans de l'eau froide.

2 — Une fois les œufs durs écalés, on en retire les jaunes, qu'on écrase à la fourchette.

3 — On monte une mayonnaise au fouet avec le jaune d'œuf, la moutarde, du sel et du poivre en versant progressivement l'huile de tournesol.

4 — On y incorpore l'estragon haché menu, puis les jaunes écrasés à la fourchette et on mélange.

5 — Pour finir, on remplit les blancs des œufs avec cette préparation. À table !

FAR BRETON

pour 6 personnes, il faut :

450 g de pruneaux dénoyautés, 5 œufs, 100 g de sucre en poudre, 1 sachet de sucre vanillé, 50 cl de lait, 80 g de farine, 1 shot de rhum ambré, beurre pour le moule

1 — Dans un saladier, on casse les œufs auxquels on ajoute le sucre et le sucre vanillé avant de fouetter énergiquement pour que les éléments se lient bien.

2 — Pendant ce temps, on fait tiédir le lait, puis on le verse sur le mélange sucré en mélangeant bien.

3 — Ensuite, on incorpore progressivement la farine tout en fouettant pour éviter la formation de grumeaux.

4 — Quand on a terminé, on verse le shot de rhum.

5 — C'est le moment de beurrer un grand moule et d'y disposer les pruneaux. On verse ensuite la pâte un peu mousseuse – sans oublier d'ajouter quelques noisettes de beurre ! – et on enfourne pour 45 minutes à 180 °C.

Astuce : délicieux le jour même, un peu tiède, le far breton est encore meilleur le lendemain !

ASPERGES
sauce mousseline

pour 2 personnes, il faut :

1 botte d'asperges, 1 œuf,
1 botte de ciboulette,
2 cuil. à café de moutarde,
175 ml d'huile de
tournesol, sel, poivre

1 — On commence par préparer les asperges en coupant les pieds (environ 2 cm), puis en épluchant le premier tiers de la tige à l'économe en partant du bas. Ensuite, on les fait cuire à la vapeur environ 12-15 minutes en vérifiant la cuisson avec la pointe d'un couteau.

2 — Pendant ce temps, on prépare la sauce mousseline. On monte au fouet une mayonnaise avec le jaune d'œuf (dont on garde le blanc dans un bol), la moutarde, du sel et du poivre en versant progressivement l'huile de tournesol.

3 — On cisèle la botte de ciboulette qu'on intègre à la mayonnaise.

4 — À côté, on bat le blanc en neige qu'on incorpore délicatement à la mayonnaise.

5 — On dispose les asperges tièdes dans un beau plat, on les recouvre de la sauce mousseline et… on n'oublie pas de saucer, bien sûr !

Astuce : cette recette se réalise aussi avec des asperges blanches, celles de ma région !

BRANDADE
de morue

pour 4 personnes, il faut :

1,2 kg de morue salée,
12 belles pommes de terre, 25 cl de lait,
15 cl d'huile d'olive,
2 gousses d'ail, poivre

1 — Pour cuisiner une brandade (l'un de mes plats d'enfance préférés), il faut s'y prendre un peu à l'avance. La veille, dans un saladier, on fait dessaler la morue en la couvrant d'eau fraîche qu'on change au moins trois fois en 24 heures.

2 — Une fois qu'elle est dessalée, on la coupe en gros morceaux et on la fait cuire dans une casserole à feu moyen-fort, puis on enlève les arêtes à la main.

3 — Pendant ce temps-là, on fait cuire les pommes de terre (pelées et coupées en quartiers) pendant 20 minutes environ à la vapeur.

4 — On écope la casserole au fur et à mesure que la morue recrache son eau. Ensuite, on émiette la morue et on la remet à cuire une dernière fois sans eau pour bien l'assécher.

5 — À feu doux, on verse le lait, l'huile, l'ail finement haché et on poivre.

6 — On passe ce mélange au mixeur jusqu'à obtenir la texture souhaitée, assez fine et crémeuse. S'il faut, on ajoute un peu d'huile et de lait.

7 — Dans chaque assiette, on sert la brandade entourée de quelques quartiers de pomme de terre, on poivre et miam !

SALADE DE HARENGS FUMÉS

aux groseilles

pour 2 personnes, il faut :

2 filets de hareng fumé, 5 pommes de terre, 1 barquette de groseilles, 1 petit oignon rouge, 1 petit pot de câpres, 3 cuil. à soupe d'huile de colza, 1 cuil. à soupe de vinaigre de cidre, sel, poivre

1 — On commence par faire cuire les pommes de terre pelées et coupées en quartiers à la vapeur pendant 20 minutes environ.

2 — Pendant ce temps, on taille les filets de hareng en tronçons de 3 cm et l'oignon rouge en fines rondelles.

3 — Dans un saladier, on prépare une vinaigrette en mélangeant l'huile de colza, le vinaigre de cidre, du sel et du poivre. Puis on y ajoute les câpres.

4 — Pour servir, on dispose les pommes de terre dans chaque assiette, puis les morceaux de hareng et les rondelles d'oignon. On verse la vinaigrette et on parsème de groseilles. Le tour est joué !

CROISSANTS
aux pignons

pour 10 croissants, il faut :

1 œuf, 1 cuil. à soupe
de fleur d'oranger,
100 g de sucre en poudre,
125 g de poudre d'amandes,
100 g de pignons de pin

1 — Pour commencer, on sépare le blanc et le jaune de l'œuf.

2 — Dans un grand bol, on mélange le blanc avec la fleur d'oranger en fouettant légèrement jusqu'à ce que le liquide mousse un peu. Ensuite, on ajoute le sucre et la poudre d'amandes et on forme une boule.

3 — Avec cette pâte, on façonne de petits croissants un peu dodus qu'on badigeonne au pinceau avec le jaune de l'œuf. On parsème dessus les pignons de pin qui vont venir se coller. Une fois que les pignons sont bien répartis, on fait tap-tap sur les bords pour bien les fixer.

4 — On dispose les croissants sur une plaque à pâtisserie recouverte de papier sulfurisé et on enfourne pour 10 minutes à 180°C. On laisse refroidir et on dévore !

Des recettes inspirées
de traditions familiales
du monde entier :
Japon, Chili, Pérou, Vietnam...
Voyage zéro carbone !

4. import-export

RAVIOLIS AU CHOU, CREVETTES & GINGEMBRE

vinaigrette pimentée

pour confectionner la pâte d'une trentaine de raviolis, il faut :

250 g de farine, 1 cuil. à soupe de fécule de maïs (plus une pour le plan de travail), 1 pincée de sel, 15 cl d'eau chaude

pour la farce, il faut :

400 g de crevettes crues, ½ chou chinois, 1 morceau de gingembre frais (2-3 cm), 2 oignons nouveaux, 2 gousses d'ail, 1 cuil. à soupe de sauce soja (plus une pour la cuisson), 1 cuil. à soupe d'huile de sésame (plus une pour la cuisson), 1 cuil. à soupe de sucre roux, 1 cuil. à soupe de fécule de maïs, poivre

pour la sauce vinaigrée, il faut :

2 cuil. à soupe de sauce soja, 2 cuil. à soupe de vinaigre de riz, 2 cuil. à soupe d'huile de sésame, 1 petit cube de gingembre frais, 1 piment pili-pili, quelques brins de coriandre, 1 oignon nouveau (ou de la ciboulette)

Les raviolis, c'est la vie ! Lundi, mardi, mercredi... je pourrais en manger tous les jours. Voici une recette très facile inspirée par mes déjeuners avec mon père dans les restaurants du quartier de Belleville où il aimait m'emmener le week-end quand j'étais enfant.

1.

1.

1 — On commence par préparer la pâte : dans un grand saladier, on verse doucement l'eau chaude sur la farine, la fécule et le sel, puis on mélange à la cuillère avant de pétrir pendant 6-7 minutes jusqu'à obtenir une boule bien homogène qu'on laisse reposer pendant 30 minutes à température ambiante.

1.

2 — Pendant ce temps, on prépare la farce. Dans un saladier, on mélange la sauce soja, l'huile de sésame, le sucre roux et la fécule en poivrant un peu. Puis on ajoute le gingembre pelé et râpé, les oignons et l'ail émincés et les crevettes crues coupées en petits morceaux d'environ 1 cm.

2.

3 — On fait revenir le chou taillé en fines lamelles à la poêle dans un peu de sauce soja et d'huile de sésame, environ 5 minutes à feu vif. Une fois le chou cuit, après l'avoir égoutté, on le laisse refroidir, puis on l'ajoute à la préparation précédente. Voilà pour la farce.

4 — Sur un plan de travail fariné de fécule, on va maintenant préparer les raviolis. On débite la boule de pâte en 6-7 morceaux d'environ 3 cm qu'on va rouler comme des boudins et découper en petites portions homogènes d'environ 15 g.

5 — On aplatit ces petits pâtons au rouleau à pâtisserie qu'on va calibrer à l'emporte-pièce ou, à défaut, avec un mug renversé. Ensuite, on prend ces petites galettes les unes après les autres et on y dépose une cuillerée à café de farce. On mouille délicatement les bords avec un peu d'eau. On plie le cercle en deux en refermant une partie sur l'autre et on fait adhérer les bords avant de replier la pointe comme un croissant.

6 — Il ne reste plus qu'à les plonger dans l'eau bouillante et attendre qu'ils remontent !

7 — Pour la sauce, on mélange dans un grand bol la sauce soja, le vinaigre de riz, l'huile de sésame et le gingembre râpé, puis le piment, la coriandre et l'oignon hachés.

8 — Au moment de servir, on arrose les raviolis avec cette sauce et c'est ouf !

CEVICHE DE CABILLAUD À L'ORANGE, AVOCAT
& fruit de la Passion

pour 2 personnes, il faut :

200 g de cabillaud, le jus de 2 citrons verts, le jus d'½ orange, 1 fruit de la Passion, 1 oignon rouge, 1 morceau de gingembre frais (3 cm), 2 cuil. à soupe d'huile d'olive, 1 piment pili-pili, 1 avocat, quelques branches de coriandre, sel, poivre

1 — Dans un grand saladier, on verse sur le cabillaud coupé en morceaux (environ 3 cm) le jus des citrons, de l'orange et l'intérieur du fruit de la Passion. Puis on ajoute l'oignon rouge émincé et le gingembre râpé.

2 — On verse ensuite l'huile d'olive, le piment haché hyper finement, du sel et du poivre.

3 — On mélange le tout et on laisse mariner au frais pendant environ 30 minutes.

4 — Pendant ce temps-là, on coupe la chair de l'avocat en morceaux (de la taille des morceaux de cabillaud) et on effeuille la coriandre.

5— Au moment de servir, on intègre l'avocat et la coriandre au ceviche.

Astuce : servir avec des chips de maïs.

PATACONES

pour 12 patacones, il faut :

3 bananes plantain vertes,
1 litre d'huile de friture, fleur de sel

Voici une recette étonnante et hyper bonne venue du Costa Rica. Ce sont de simples beignets de banane plantain qu'on mange à toute heure avec du guacamole ou des frijoles (haricots rouges en purée).

1 — On commence par couper les extrémités et éplucher les bananes plantain. Puis on les coupe en tronçons d'environ 4-5 cm.

2 — On les fait frire environ 5 minutes dans un bain d'huile jusqu'à ce qu'elles dorent un peu.

3 — Ensuite, on les place une à une à l'intérieur d'un sachet congélation et on les écrase avec un objet lourd (les fesses d'une carafe d'eau par exemple) pour faire des galettes qui ressemblent à des sortes de fleurs de banane !

4 — Et on les fait frire à nouveau pendant 2 minutes de chaque côté.

5 — On les dépose sur du papier absorbant, puis on les parsème d'un peu de fleur de sel avant de les servir.

GÂTEAU MOCHI
au sésame noir

pour 6 personnes, il faut :

250 g de farine de riz, 100 g de graines de sésame noir, 200 g de sucre en poudre, 1 sachet de levure, 1 pincée de sel, 110 g de beurre, 2 œufs, 24 cl de lait entier, 12 cl de crème liquide entière

pour le glaçage, on a besoin de :

25 g de graines de sésame noir, 100 g de sucre en poudre, 7,5 cl d'eau, 3 cuil. à soupe de crème liquide entière, graines de sésame blond pour décorer

1 — Dans une poêle, on commence par toaster les graines de sésame noir pendant 2-3 minutes. Puis on les mixe pour les réduire en une poudre fine. On ajoute le sucre et on continue de mixer jusqu'à obtenir un sucre grisâtre, comme de la cendre.

2 — À ce moment-là, on beurre un moule à gâteau et on chemise le fond avec un peu de ce sucre noir.

3 — Dans un saladier, on mélange la farine de riz, le sucre sésame, la levure et une pincée de sel.

4 — Dans un autre saladier, on bat les œufs et le beurre fondu. Puis on ajoute le lait et la crème et on fouette bien.

5 — On rassemble les deux préparations, on verse dans le plat et on enfourne pour 40-45 minutes à 180 °C.

6 — Pendant ce temps, on réalise le glaçage. Dans une petite casserole, on fait un caramel en chauffant progressivement l'eau et le sucre.

7— Dans une poêle, on toaste les graines de sésame noir pendant 2-3 minutes, puis on les mixe pour les réduire en une poudre fine. Dans un bol, on mélange la poudre de sésame avec la crème entière, puis on ajoute le caramel en fouettant activement.

8 — On étale ensuite ce mélange d'une belle couleur noire sur le gâteau préalablement démoulé et retourné sur une grille.

9 — Pour finir, on décore le tour avec des graines de sésame blond. C'est parti pour un gâteau super chewy !

SALADE DE ROQUETTE

poire & stilton

pour 4 personnes, il faut :

500 g de roquette (2 grosses poignées), 1 belle branche de céleri, 2 poires bien mûres, 150 g de stilton, quelques noix, 3 cuil. à soupe d'huile d'olive, 1 cuil. à soupe de vinaigre de cidre, quelques brins de ciboulette, sel, poivre du moulin

1 — On commence par préparer une vinaigrette en mélangeant l'huile, le vinaigre, du sel et du poivre, et on ajoute la ciboulette finement hachée.

2 — On prépare chaque assiette en la tapissant de roquette bien lavée et séchée.

3 — On y dispose les poires découpées en lamelles bien juteuses. On parsème de tronçons de céleri, de cerneaux de noix et de morceaux de stilton.

4 — On arrose allègrement de vinaigrette, un tour de moulin à poivre et voilà !

ENYUCADOS DE MANIOC
au fromage

pour 6 beignets, il faut :

1 racine de manioc, 300 g de comté vieux, huile végétale, sauce piquante pour accompagner, fleur de sel

1 — On commence par éplucher le manioc, le couper en gros morceaux et le faire bouillir comme des pommes de terre, environ 20 minutes.

2 — Pendant ce temps, on râpe le comté.

3 — On laisse s'égoutter les morceaux de manioc cuits, puis on les écrase avec un presse-purée.

4 — Dans le plastique d'un sachet congélation, on découpe un disque d'environ 10 cm de diamètre qu'on huile légèrement.

5 — Une fois que le manioc a refroidi, on prend une boule qu'on étale sur le disque de plastique qui sert de patron. On place au centre une bonne poignée de comté râpé (plus il est vieux, plus il aura de goût), puis on referme le beignet en formant une petite boule oblongue d'environ 10 cm.

6 — Dans une poêle avec un peu d'huile végétale, on les fait frire sur tous les côtés jusqu'à ce qu'ils se colorent et qu'ils deviennent bien croustillants.

7 — On les sert avec un peu de fleur de sel et une sauce piquante. C'est délicieux et la texture est incroyable !

SALSA
ORIGINAL
HOT SAUCE
ORIGINAL

TACOS AU poisson frit

pour 8 tacos, il faut :

175 g de farine de maïs,
1 cuil. à café de sel,
25 cl d'eau tiède,
1 oignon rouge,
quelques feuilles de coriandre,
1 citron vert,
sauce piquante

pour la sauce façon taquera, il faut :

1 avocat bien mûr,
1 botte de coriandre,
1 gousse d'ail,
le jus d'1 citron vert,
huile d'olive,
sel, poivre

pour le poisson, il faut :

1 beau filet de poisson blanc,
(églefin ou dos de cabillaud)
1 œuf, 100 g de farine, huile
de tournesol pour frire

1 — Dans un saladier, on verse l'eau sur la farine et le sel et on mélange à la main jusqu'à obtenir une boule bien dense. On laisse ensuite reposer à température ambiante sous un torchon environ 30 minutes.

2 — On découpe la boule en huit portions de la taille d'une clémentine et on les presse dans la machine à tacos. À défaut, il suffit d'improviser une presse entre deux plaques. Presser (plutôt qu'étaler) permet d'obtenir des tortillas bien rondes.

3 — Dans un grand bol, on mélange tous les ingrédients de la sauce et on mixe pour obtenir une pâte façon guacamole.

4 — Cuire sans matière grasse à même la poêle, jusqu'à ce que la tortilla soit dorée de chaque côté.

5 — On passe au poisson : on découpe le filet en huit tronçons à peu près égaux et on les pane (deux fois) les roulant dans la farine assaisonnée de sel et de poivre, puis en les trempant dans l'œuf battu. On les plonge ensuite dans l'huile de tournesol pour les faire frire quelques minutes et on les dépose sur un papier absorbant une fois qu'ils sont bien dorés.

6 — Reste à composer ses tacos en enroulant dans les tortillas les morceaux de poisson bien enrobés de sauce taquera, avec de fines rondelles d'oignon rouge, quelques feuilles de coriandre fraîche, un peu de citron vert et de la sauce piquante.

CARPACCIO DE DAURADE AU CITRON, gingembre & kumquats

pour 2 personnes, il faut :

1 daurade, 4 kumquats,
1 petit oignon rouge,
1 morceau de gingembre frais (3 cm), 1 citron vert,
quelques brins d'aneth,
huile d'olive, sel, poivre

1 — On découpe les filets d'une belle daurade en fines tranches qu'on dispose dans un joli plat.

2 — On ajoute dessus l'oignon émincé très fin (des demi-rondelles) et le gingembre râpé. Puis on presse le citron vert, on sale et on poivre.

3 — Au dernier moment, on ajoute les kumquats tranchés finement, quelques brins d'aneth et (très délicatement pour ne pas chambouler la présentation !) un filet d'huile d'olive.

4 — Voilà, c'est magnifique et c'est trop bon !

Des recettes pratiques
à sortir en cas d'afflux
imprévu de famille ou
de copains en vadrouille.

5.
family tips

1664

PÂTES AUX ARTICHAUTS, speck & pecorino

pour 6 personnes, il faut :

800 g de pâtes type fusilli, 15 artichauts poivrade, 15 tranches de speck, 150 g de pecorino râpé, 150 g de parmesan râpé, 2 gousses d'ail, 1 piment pili-pili, 1 citron, huile d'olive, sel, poivre

1 — On commence par éplucher les artichauts en enlevant les plus grosses feuilles et le foin, on coupe la tête à environ 2 cm de l'extrémité. Puis, avec un couteau fin, on épluche bien le tour des pieds. On les réserve dans un grand saladier rempli d'eau citronnée avant de les cuire environ 6 minutes dans de l'eau bouillante et de les couper en deux dans le sens de la hauteur.

2 — Dans une poêle, on les fait revenir dans de l'huile d'olive avec l'ail et le piment haché

3 — On ajoute le pecorino et la moitié du parmesan, puis le speck qu'on déchire à la main.

4 — Pendant ce temps-là, on fait cuire les pâtes *al dente* et on garde un peu d'eau de cuisson au fond de la casserole en les égouttant.

5 — Dans cette même casserole, on mélange les pâtes avec les artichauts et on assaisonne.

6 — Enfin, on sert en arrosant d'un peu d'huile d'olive et en saupoudrant chaque assiette de parmesan râpé.

BUNS maison

Entre potes ou en famille, on ne fait pas mieux que des burgers quand on n'a pas envie de se prendre la tête et que l'on veut tous profiter de la soirée autour d'une grande table.
Le mieux, c'est encore de préparer les buns maison. C'est tout simple et ça ajoute au plaisir !

pour 12 buns, il faut :

600 g de farine de blé blanche T55 (plus celle pour le plan de travail), 1 cuil. à café de sel, 1 cuil. à soupe de sucre en poudre, 15 cl d'eau, 18 cl de lait écrémé, 30 g de beurre mou, 1 œuf, 25 g de levure fraîche, graines de sésame, de cumin, de pavot…

1 — Dans un grand saladier, on ajoute tous les ingrédients (sauf les graines) dans l'ordre et on les mélange avec le manche de la cuillère en bois jusqu'à obtenir une boule de pâte homogène.

2 — On pétrit cette pâte pendant 3 minutes en frappant une extrémité contre la table et en la repliant sur elle-même. Une fois que c'est fait, on la laisse reposer dans le saladier à température ambiante, sous un film alimentaire, pendant 1 h 30.

3 — Ensuite, sur un plan de travail fariné, on découpe 12 pâtons de taille égale que l'on boule en repliant la pâte vers le centre. Une fois qu'ils sont bien boulés, on les place sous un torchon.

4 — Pendant ce temps-là, on prépare des assiettes creuses avec les différents types de graines (une pour chaque) et une avec de l'eau. On prend chaque pâton, on trempe rapidement le dessus dans l'eau et on le pose dans l'assiette de graines choisies avant de le déposer sur une plaque de cuisson recouverte de papier sulfurisé.

4.

4.

5 — Une fois que tous les pâtons sont grainés, on les laisse reposer pendant une heure sur la plaque sans les couvrir.

4.

5.

6 — Pour la cuisson, on préchauffe le four à 200 °C en plaçant une autre plaque vide tout en bas. Au moment d'enfourner, on jette un verre d'eau sur cette plaque vide (pour créer de la vapeur) et on enfourne pour 20 minutes. On laisse enfin reposer les buns 30 minutes avant de les couper en deux. Tadah !

POLENTA GRILLÉE
au gorgonzola

pour 4 personnes, il faut :

400 g de polenta, 80 g de beurre, 300 g de gorgonzola, 100 g de parmesan râpé, sel, poivre

1 — On verse en pluie la polenta dans 1 litre d'eau bouillante et on laisse cuire pendant 40 minutes en remuant régulièrement et vigoureusement. La polenta est cuite quand elle se décolle des bords de la casserole.

2 — Ensuite, on incorpore le beurre et on assaisonne.

3 — C'est le moment d'ajouter le gorgonzola coupé en gros morceaux, puis la moitié du parmesan et de mélanger à nouveau.

4 — Dans un plat, on aplatit bien la polenta et on recouvre avec le reste de parmesan.

5 — Et hop ! au four à 200 °C pour 20 à 30 minutes selon le croustillant désiré.

TARTE AUX BLETTES
menthe & brousse

pour 6 personnes, il faut :

250 g de brousse, 1 botte de blettes, 2 blancs de poireaux, 2 oignons, 3 œufs, 33 cl de lait, 1 botte de menthe, 20 g de beurre, sel, poivre

pour la pâte brisée, on a besoin de :

250 g de farine, 125 g de beurre, 10 cl d'eau, 1 pincée de sel

1 — On lave et hache les blettes, les poireaux et les oignons et on fait revenir le tout 25 minutes dans une grande poêle avec un peu de beurre sans couvrir.

2 — Dans un grand saladier, on bat les œufs et le lait qu'on assaisonne (bien poivrer !) et on ajoute la menthe ciselée et la brousse émiettée.

3 — Pour la pâte brisée, c'est très simple. Dans un saladier, on met la farine et le sel. On y fait un puits dans lequel on verse le beurre fondu. Ensuite, on rince la casserole du beurre fondu avec un verre d'eau qu'on verse dans le saladier. On mélange avec les mains sans malaxer, juste en rassemblant la pâte vers le centre. Puis on l'étale directement dans le plat à tarte en appuyant dessus.

4 — Une fois que la pâte est bien étalée, on dépose les blettes, les poireaux et les oignons qu'on recouvre de l'appareil aux œufs.

5 — Et hop ! au four à 180 °C pour 40 minutes.

PANCAKES

pour 25 pancakes, il faut :

250 g de farine, 1 sachet de levure, 1 sachet de sucre vanillé, 1 cuil. à soupe de sucre en poudre, 2 œufs, 40 cl de lait, 50 g de beurre (plus celui pour la cuisson)

1 — Dans un saladier, on mélange la farine, la levure, le sucre vanillé et le sucre. On sépare les jaunes des blancs d'œufs. Dans un autre saladier, on bat les jaunes avec le lait en fouettant jusqu'à obtenir une texture bien mousseuse.

2 — On verse ce mélange sur la farine et on ajoute le beurre fondu. On mélange bien avec le fouet.

3 — En parallèle, on monte les blancs en neige, puis on les incorpore délicatement à la pâte avec une cuillère. Et voilà !

4 — On choisit une poêle très épaisse et on y verse de petites louches de pâte, qu'on fait cuire dans un peu de beurre et qu'on retourne quand des bulles apparaissent à la surface.

PISSALADIÈRE

pour 4 personnes, il faut :

10 oignons, 1 bocal d'anchois au sel, 1 bocal d'olives noires dénoyautées, huile d'olive, poivre

pour la pâte brisée, on a besoin de :

250 g de farine, 12 cl d'huile d'olive, 10 cl d'eau, 1 pincée de sel

1 — On épluche et on émince les oignons – oui, c'est une recette où l'on pleure beaucoup, désolée !

2 — Dans une cocotte en fonte, on fait chauffer une bonne rasade d'huile d'olive et on y jette les oignons. On les fait dorer pendant 5 minutes à feu vif, puis on couvre et on baisse le feu pour les faire compoter pendant une vingtaine de minutes.

1.

2.

3.

3 — Pour la pâte brisée, c'est très simple. Dans un saladier, on met la farine et le sel. On y fait un puits dans lequel on verse l'huile d'olive et un verre d'eau. On mélange avec les mains sans malaxer, sans trop pétrir, juste en rassemblant les ingrédients pour en faire une boule tant bien que mal. Puis on l'étale directement dans le plat à tarte en appuyant dessus.

3.

4 — Une fois que la pâte est bien en place, on étale les oignons compotés et on ajoute les anchois et les olives, puis on poivre.

5 — Ensuite, 30 minutes au four à 180 °C et le tour est joué !

POIREAUX
vinaigrette aux noisettes

pour 4 personnes, il faut :

4 gros poireaux, 100 g de noisettes entières, 3 cuil. à soupe d'huile d'olive, 1 cuil. à soupe de vinaigre de cidre, 1 cuil. à soupe de miso blanc, ½ botte de ciboulette, sel, poivre

1 — On commence par bien laver, puis débiter les poireaux (même le vert) en beaux tronçons d'une dizaine de centimètres et on les fait cuire à la vapeur environ 15 minutes.

2 — Dès qu'ils sont cuits (et qu'on peut les traverser avec la pointe d'un couteau), on les plonge dans un saladier d'eau et de glaçons pour stopper la cuisson. Puis on les éponge avec du papier absorbant.

3 — Pendant ce temps, on concasse grossièrement les noisettes et on les torréfie à la poêle (sans matière grasse). On en prélève la moitié qu'on mixe jusqu'à obtenir de la poudre.

4 — C'est le moment de préparer la vinaigrette en mélangeant huile d'olive, vinaigre, miso blanc, poivre et sel dans un bol. On y intègre la poudre de noisettes et la ciboulette ciselée et on mélange bien.

5 — On met les poireaux dans un plat, on nappe de vinaigrette et on couvre avec les noisettes concassées restantes.

CLAFOUTIS
aux mirabelles

pour 6 personnes, il faut :

1,5 kg de mirabelles, 180 g de farine, 130 g de sucre en poudre (plus celui pour saupoudrer), 8 œufs, 75 g de beurre (plus celui pour le moule), 33 cl de lait

1 — Dans un grand bol, on mélange la farine et le sucre en poudre. On ajoute les œufs, puis on bat au fouet électrique.

2 — Ensuite, on intègre le beurre fondu et le lait en continuant de battre jusqu'à ce que le mélange soit lisse.

1.

2.

3 — Pendant ce temps, on beurre le moule.

4 — On répartit les mirabelles (sans les dénoyauter) dans le fond du plat et on recouvre avec l'appareil.

5 — On parsème de quelques noisettes de beurre et d'un peu de sucre en poudre et on enfourne pour 40 minutes à 180 °C.

4.

6 — On sert tiède, c'est encore meilleur !

CHAMPIGNONS FARCIS

à la ricotta

pour 4 personnes, il faut :

16 gros champignons de Paris, 400 g de ricotta, 2 cuil. à soupe de crème fraîche, 1 botte de persil, 1 botte de ciboulette, 2 échalotes, sel, poivre

Ne cherchez plus, voici la recette parfaite pour des déjeuners d'été autour du barbecue, histoire de compléter la panoplie des légumes que l'on ne sait jamais trop comment préparer, ni mariner, ni griller.

1 — On lave bien les champignons et on leur coupe le pied.

2 — Dans un saladier, on mélange la ricotta et la crème avec le persil, la ciboulette et les échalotes hachés menu. On sale, on poivre.

3 — Ensuite, on remplit la tête des champignons avec ces farces.

4 — Pour une cuisson au barbecue, on place chaque champignon dans une petite feuille d'aluminium qu'on replie autour de la tête.

5 — Sinon, s'il fait trop mauvais et que le barbecue est resté au garage, on les passe au four à 180 °C pendant 30 minutes et c'est parfait aussi !

Astuce : ne pas jeter les pieds des champignons, les garder pour en faire un bouillon.

Juste miam.

6. pause glycémie

BEIGNETS DE
fleurs d'acacia & de glycine

pour 25 beignets, il faut :

25 tiges de fleurs d'acacia et/ou de glycine, 2 œufs, 150 g de farine, 1 sachet de sucre vanillé, 10 cl de lait, 1 pincée de sel, huile de tournesol ou colza pour la friture

C'est l'une des plus jolies recettes que je connaisse. C'est un bonheur de pouvoir cuisiner les fleurs d'acacia parce qu'elles annoncent les beaux jours, le retour des pique-niques et des longues soirées entre amis au bord de la rivière.

1 — Avant tout, on cueille les fleurs, seulement en mai et en juin. En fonction de la récolte et du nombre de convives, on ajuste les proportions pour la pâte.

2 — Après les avoir séparés des jaunes, on monte les blancs d'œufs en neige très ferme.

3 — Dans un saladier, on mélange les jaunes avec la farine, le sucre vanillé, le lait et la pincée de sel. La texture est assez ferme, c'est normal.

4 — Ensuite, on ajoute 1 cuillerée à soupe d'huile végétale, puis on intègre doucement les blancs en neige à la cuillère. La pâte devient alors presque soyeuse. Elle est prête.

5 — On caresse alors la surface de la pâte avec les tiges de fleurs pour couvrir toutes les fleurs d'une fine couche.

6 — Il ne reste plus qu'à les faire frire de chaque côté, très rapidement à feu vif, dans une poêle avec de l'huile végétale. On les dépose au fur et à mesure sur un papier absorbant, et on les déguste tièdes !

GÂTEAU à la rhubarbe

pour 6 personnes :

10 belles tiges de rhubarbe, 200 g de sucre en poudre, 110 g de beurre mou (plus celui pour le moule), 2 œufs, 160 g de farine, 1 sachet de levure, 10 cl de lait

1 — Dans un grand saladier, on commence par mélanger au batteur 120 g de sucre et le beurre ramolli. On ajoute les œufs et on bat de nouveau.

2 — Dans un bol, on mélange la farine et la levure. On incorpore la moitié de ce mélange dans le premier ainsi que la moitié du lait, puis on bat de nouveau.

3 — On répète l'opération en ajoutant du lait jusqu'à obtenir une délicieuse pâte crue bien onctueuse.

4 — À côté, on prépare la rhubarbe : on la lave et on la coupe en petits tronçons d'environ 3 cm.

5 — On beurre un moule à gâteau et on y dépose la rhubarbe. On couvre de 2 cuillerées à soupe d'eau et du sucre restant (80 g), puis on étale la pâte pour bien enfermer la rhubarbe.

6 — Et hop ! au four à 180 °C pour 40 minutes.

LEMON BARS

pour 4 personnes, il faut :

15 cl de jus de citron (environ 2 citrons non traités qu'on zeste), 140 g de sucre en poudre, 200 g de beurre mou, 1 œuf entier plus 4 jaunes, 130 g de farine

1 — On commence par mélanger au batteur 40 g de sucre et 90 g de beurre ramolli.

2 — Quand le mélange est crémeux, on ajoute 1 jaune d'œuf et on bat de nouveau, puis on intègre la farine et on bat de nouveau jusqu'à obtenir un crumble qu'on étale à la main dans un moule. On enfourne à 180 °C pour 10 minutes. Voilà pour le biscuit.

3 — Dans une casserole, on fait fondre 50 g de sucre avec le jus de citron et les zestes finement râpés.

4 — À côté, dans un saladier, on bat le sucre restant (50 g) avec 3 jaunes d'œufs et l'œuf entier. Ensuite, on va incorporer progressivement ce mélange au jus sucré en fouettant, directement dans la casserole. Puis, à feu doux, on remue doucement cette crème jusqu'à ce qu'elle s'épaississe. Hors du feu, on y incorpore le reste de beurre (110 g) en morceaux petit à petit tout en continuant à mélanger avec le fouet.

5 — Une fois que la préparation est bien crémeuse, on la transfère dans un saladier et on couvre d'un film alimentaire avant de réserver au frigo pendant 1 heure.

6 — Pour finir, on étale cette crème de citron sur le biscuit et on les place au frigo pendant 2-3 heures.

7 — Il ne reste plus qu'à découper les lemon bars et à les dévorer !

CAKE AUX raisins & rhum

pour 6-8 personnes, il faut :

150 g de raisins secs blancs, 150 g de raisins secs noirs, 5 cuil. à soupe de rhum ambré, 150 g de beurre mou (plus celui pour le moule), 150 g de sucre en poudre (plus celui pour le moule), 1 pincée de sel, 4 œufs, 300 g de farine (plus celle pour les raisins), 1 sachet de levure

1 — Dans un petit bol, on met les raisins secs à tremper dans le rhum.

2 — On préchauffe le four à 200 °C.

3 — Dans un grand bol, on bat le beurre ramolli avec le sucre et le sel. Puis on incorpore les œufs entiers sans cesser de battre. On ajoute ensuite la farine et la levure et on mélange.

4 — Pour que les raisins se répartissent bien dans toute la pâte durant la cuisson, on les roule rapidement dans un peu de farine et on les intègre à la pâte.

5 — On verse ensuite la pâte dans un moule beurré et chemisé de sucre et on enfourne pour 10 minutes à 200 °C, puis on baisse la température du four à 160 °C et on laisse cuire 40 minutes.

6 — À la fin de la cuisson, on laisse refroidir le cake 15 minutes avant de le démouler. Juste parfait pour un goûter sur l'herbe !

COOKIES AU sarrasin, dattes & tahini

pour 15 cookies, il faut :

350 g de farine de sarrasin, 150 g de sucre en poudre 250 g de beurre mou, 1 œuf, 1 sachet de levure, 1 sachet de sucre vanillé, 1 pincée de sel, 200 g d'amandes, 12 dattes, 2 cuil. à soupe de tahini, graines de sésame (blond et/ou noir) pour décorer

Les cookies, c'est comme la mousse au chocolat. On a tous une recette, héritée de sa mère ou d'un correspondant américain des années collège, et c'est forcément la meilleure du monde. C'est vrai. Alors, pour éviter la compétition, voici une recette qui change, avec des dattes et du tahini.

1 — Dans un grand saladier, on commence par mélanger le beurre mou et le sucre à la main pour obtenir une pommade. Puis on intègre l'œuf, la farine, la levure, le sucre vanillé et la pincée de sel et on mélange jusqu'à obtenir une belle boule de pâte.

2 — À côté, on torréfie les amandes grossièrement concassées en les passant à la poêle. Puis on les mélange à la pâte avec les dattes dénoyautées et coupées en morceaux (pas trop petits) et le tahini en veillant bien que les fruits se répartissent de façon à peu près homogène.

3 — Ensuite, on confectionne de petites boules qu'on dépose sur une plaque à pâtisserie recouverte de papier cuisson.

4 — On décore avec des graines de sésame et on enfourne à 180 °C pour 12-14 minutes.

Astuce : laisser reposer les cookies 10 minutes avant de les manger.

GÂTEAU D'ANNIVERSAIRE aux fruits rouges

pour 6 beignets, il faut :

1 barquette de fraises, 1 barquette de framboises, 1 barquette de myrtilles, 4 œufs, 175 g de sucre en poudre, 1 sachet de sucre vanillé, 40 g de farine, 60 g de fécule de maïs, 25 cl de crème entière d'Isigny, 2 cuil. à soupe de sucre glace, beurre et cassonade pour le moule

1 — On commence par séparer les blancs des jaunes d'œufs.

2 — Dans un saladier, on fouette les jaunes avec le sucre et le sucre vanillé jusqu'à ce que ça mousse. On ajoute ensuite la farine et la fécule et on mélange de nouveau pour obtenir une crème bien homogène.

3 — À côté, on monte les blancs en neige bien ferme et on les intègre doucement au mélange.

4 — On prépare le moule en le beurrant et en le chemisant d'un peu de cassonade (ou de sucre, c'est bien aussi).

5 — On verse la pâte et on enfourne à 180 °C pour 35 minutes.

6 — Pendant ce temps-là, on prépare la chantilly maison en mettant un grand bol au congélateur pendant 15 minutes. On y verse ensuite la crème entière, qu'on bat pour qu'elle prenne du volume en y intégrant progressivement les 2 cuillerées à soupe de sucre glace.

7 — Une fois que le gâteau est froid, on étale l'onctueuse crème Chantilly dessus et on décore à sa manière avec les fruits rouges coupés en deux. Miam !

CAKE AUX
châtaignes & noisettes

pour 1 cake, il faut :

120 g de cassonade (plus celle pour le moule), 100 g de beurre mou (plus celui pour le moule), le jus et le zeste d'½ citron non traité, 3 œufs, 120 g de poudre de noisettes, 150 g de farine de châtaignes, 1 sachet de levure, 1 pincée de sel, 1 poignée de noisettes

1.

1.

1 — Dans un saladier, on mélange la cassonade, le beurre ramolli et le jus de citron à la fourchette. On ajoute les œufs et on mélange à nouveau à la fourchette. Puis on verse la poudre de noisettes et on fouette bien.

2 — C'est le moment d'intégrer la farine de châtaignes, la levure, le zeste de citron finement râpé et la pincée de sel et de mélanger une dernière fois.

3 — Pendant ce temps-là, on torréfie les noisettes quelques minutes à la poêle après les avoir coupées en deux.

2.

3.

4.

5.

4 — On beurre et on chemise un moule à cake avec un peu de cassonade et on verse la pâte qui, normalement, est assez compacte.

5 — On recouvre avec les noisettes et on enfourne à 160 °C pour 50 minutes.

Astuce : on peut ajouter des morceaux de chocolat dans la pâte.

CRÈME DE TAPIOCA, FLEUR D'ORANGER
& pistaches

pour 6 personnes, il faut :

50 g de perles de tapioca, 50 cl de lait, 30 g de sucre en poudre, 1 sachet de sucre vanillé, 1 pincée de sel, 3 cuil. à café de fleur d'oranger, le zeste d'1 citron bio, 1 poignée de pistaches

1 — Dans une casserole, on fait bouillir le lait avec le sucre, le sucre vanillé et le sel en mélangeant avec le fouet.

2 — Lorsque le lait bout, on verse les perles de tapioca et on fait cuire pendant 10 minutes tout en continuant à fouetter. Puis on ajoute la fleur d'oranger et le zeste sans arrêter de mélanger.

3 — On verse ensuite le mélange dans six ramequins et on laisse prendre au frigo pendant 2 heures. À moins de préférer déguster ce dessert tout de suite : chaud, c'est tout aussi délicieux !

4 — Au moment de servir, on hache grossièrement les pistaches qu'on fait gentiment griller à la poêle avant de les parsemer sur les crèmes.

Astuce : servir ces crèmes façon mouhallabié au moment du goûter avec un thé à la menthe.

TARTE AUX reines-claudes

pour 2 tartes, il faut :

2 kg de reines-claudes bien mûres, 125 g de poudre d'amandes, 150 g de sucre en poudre

pour la pâte brisée, on a besoin de :

500 g de farine, 250 g de beurre, 10 cl d'eau, 1 pincée de sel

1 — Dans une casserole, on fait fondre le beurre. Dans un bol, on met la farine et le sel, on fait un puits et on y verse le beurre fondu. On rince la casserole du beurre avec un petit verre d'eau, que l'on ajoute alors à la pâte. On évite de trop malaxer : il faut juste rassembler la pâte en boule en la travaillant le moins possible.

2 — Ensuite, on coupe les reines-claudes en deux et on les dénoyaute.

3 — On étale la pâte à la main à même le plat pour qu'elle soit plus croustillante et que le jus des reines-claudes caramélise.

4 — On recouvre la pâte avec la poudre d'amandes et la moitié du sucre. On couvre avec les prunes en les compressant bien les unes contre les autres, en file indienne jusqu'au centre du plat.

5 — Une fois qu'elles sont toutes bien rangées, on saupoudre avec le sucre restant et on enfourne à 180 °C pour 40-45 minutes – le temps que le jus des reines-claudes s'évapore !

SCONES

pour 15 scones, il faut :

550 g de farine (plus celle pour le plan de travail), 2 cuil. à soupe de sucre en poudre, 2 cuil. à café de levure, 1 pincée de sel, 110 g de beurre mou, 30 cl de lait d'avoine, 1 œuf

1.

1 — Dans un saladier, on mélange la farine, le sucre, la levure et la pincée de sel, puis on incorpore le beurre en morceaux du bout des doigts, à la manière d'un crumble. On creuse un petit puits, on y verse le lait d'avoine et on mélange à la fourchette jusqu'à obtenir une boule de pâte bien dense.

1.

2 — Sur un plan de travail fariné, on étale cette boule à la main jusqu'à obtenir une épaisseur homogène de 3 cm. C'est très important que les scones soient bien épais.

3 — On y découpe des ronds de pâte à l'aide d'un verre et on les dépose au fur et à mesure sur une plaque recouverte de papier cuisson et on les dore à l'œuf battu.

3.

4 — On enfourne à 200 °C pour 12-14 minutes.

Astuce : pour honorer mes étés dans le Devon, manger avec de la *clotted cream* et de la confiture d'oranges amères.

Des recettes arrivées
de la Botte en direct,
de quoi tenir toute l'année
en mode *dolce vita*.

7. à l'italienne

RAVIOLIS
aux épinards & ricotta

pour 2 personnes, il faut :

250 g d'épinards frais, 150 g de ricotta, 300 g de farine, 3 œufs entiers plus 3 jaunes, 30 g de parmesan râpé (plus celui pour saupoudrer), 20 g de beurre, noix de muscade, sauge, sel, poivre

1 — Dans un saladier, on mélange la farine avec 3 œufs, d'abord à la cuillère et ensuite à la main.

2 — Une fois que la pâte est bien ferme, on pétrit à la main pendant 5 minutes, jusqu'à obtenir une boule assez compacte, puis on la laisse reposer 30 minutes dans un saladier à température ambiante sous un torchon.

3 — Une fois que la pâte est reposée, on la coupe en deux et on l'étale très finement sur un plan de travail fariné jusqu'à obtenir deux bandes d'environ 60 cm, qu'on recoupe en deux pour obtenir quatre feuilles égales de 30 cm de long.

4 — À côté, on fait cuire les épinards bien lavés quelques minutes à la casserole. Une fois qu'ils sont cuits, on les égoutte, puis on les hache et on les met dans un saladier où on les mélange avec la ricotta, 2 jaunes d'œufs, de la muscade râpée, du sel et du poivre. À la fin, on ajoute le parmesan et on mélange pour obtenir une farce bien homogène.

5 — Avant de passer au montage, on bat 1 jaune d'œuf dans un bol.

6 — On dispose de petites boules de farce espacées régulièrement d'environ 5 cm, en deux rangées, sur la longueur de deux feuilles de pâte. Avec un pinceau trempé dans le jaune d'œuf, on dessine un quadrillage entre les boules de farce. On recouvre les deux feuilles de pâte avec les deux feuilles restantes. On presse chaque boule et on coupe autour, en dessinant des ronds ou des carrés suivant le quadrillage (sur lequel on a préalablement appuyé pour que le jaune fasse bien adhérer les deux couches).

7 — Il ne reste plus qu'à les faire cuire, 4-5 minutes dans une casserole d'eau bouillante salée.

8 — Au moment de servir, on arrose chaque assiette d'un peu de beurre fondu avec de la sauge et on enneige de parmesan. Magnifique !

FOCACCIA

pour 1 focaccia, il faut :

500 g de farine, 12 g de levure fraîche boulangère, 2 cuil. à café de sel, 40 cl d'eau tiède, gros sel, romarin, beurre, huile d'olive

Plutôt que de faire du pain – ce qui prend au bas mot une semaine et beaucoup d'énergie, le temps de faire son levain, de pétrir la pâte, etc. – je préfère souvent opter pour la focaccia, un pain croustillant et moelleux que les Italiens utilisent notamment pour les sandwichs et dont je vais vous donner deux exemples tout simples.

pour une garniture aux champignons :

500 g de champignons,
pecorino, beurre, sel, poivre

pour une garniture aux épinards :

500 g d'épinards frais, 1 chèvre frais,
noix de muscade, sel, poivre

1 — On met la levure à dissoudre dans un petit bol d'eau tiède, puis on la verse dans la farine mélangée au sel et on mélange consciencieusement à la fourchette pour bien mêler les ingrédients. Ensuite, on verse l'eau tiède et on mélange à la fourchette jusqu'à obtenir une pâte assez humide qu'on place dans un coin de la cuisine, sous un torchon, pendant 12 heures.

2 — Après 12 heures, on décolle la boule de pâte des bords du saladier avec une fourchette.

3 — On huile et on beurre un grand moule plat. On y dépose la pâte et on l'étire à la main pour qu'elle occupe toute la surface du plat.

4 — À ce stade, on laisse encore lever la pâte 2-3 heures mais à l'air libre cette fois.

5 — Une fois que ce temps s'est écoulé, on l'arrose d'un filet d'huile d'olive et on pianote sur la pâte avec le bout des doigts pour faire plein de petits trous. On complète ce sublime tableau en parsemant du gros sel et du romarin effeuillé et on enfourne à 220 °C pour 20-25 minutes.

6 — Pour faire de délicieux petits sandwichs, on peut rapidement cuisiner deux garnitures.

7 — Pour la première, on fait revenir des champignons bien lavés et coupés en lamelles dans un peu de beurre à la poêle. On tartine une part de focaccia ouverte en deux, on couvre de copeaux de pecorino et on n'oublie surtout pas de bien poivrer.

8 — Pour la deuxième, on fait revenir des épinards hachés dans une casserole puis, hors du feu, on les mélange avec un petit chèvre écrasé, assaisonné allègrement avec de la muscade râpée, du sel et du poivre.

POIVRONS FARCIS
à la sicilienne

pour 3 personnes, il faut :

3 beaux poivrons rouges, la moitié d'un pain de campagne rassis, 3 belles tomates, 15 olives noires dénoyautées, 1 botte de basilic, 10 filets d'anchois au sel, 1 pot de câpres, 1 gousse d'ail, 5 cuil. à soupe d'huile d'olive, sel, poivre

1 — Dans un saladier, on met le pain à tremper dans de l'eau pendant 30 minutes.

2 — Pendant ce temps, on coupe les poivrons en deux dans le sens de la hauteur et on les vide.

3 — À côté, on épépine les tomates et on taille la chair en tout petits dés. On hache les olives, le basilic, les anchois, les câpres et l'ail.

4 — On essore le pain à la main et on le mélange avec tous les ingrédients, du sel, du poivre et beaucoup d'huile d'olive pour faire la farce.

5 — Ensuite, on farcit les demi-poivrons et on enfourne à 180 °C pour 1 heure 30.

6 — Pour servir, on attend que les poivrons refroidissent et le tour est joué !

PARMIGIANA

pour 4 personnes, il faut :

3 aubergines, 1 oignon, 1 gousse d'ail, 2 boîtes de 200 g de tomates pelées, 1 botte de basilic, 2 boules de mozzarella de 200 g chacune, 100 g de parmesan râpé, huile d'olive, sel, poivre

1 — Avant tout, on lave et on coupe les aubergines en grosses rondelles sans enlever la peau. On les dispose dans un plat et on les sale pour les faire dégorger 30 minutes.

2 — Pendant ce temps, dans une casserole, on fait suer l'oignon et l'ail émincés. Une fois qu'ils sont translucides (pas dorés), on baisse le feu et on ajoute les tomates coupées grossièrement en morceaux. On sale, on poivre et on laisse mijoter à feu doux pendant 30 minutes à couvert.

3 — Après une demi-heure, on éponge l'eau des aubergines avec du papier absorbant et on les fait bien dorer à la poêle dans un peu d'huile d'olive.

4 — Et maintenant, c'est le moment de confectionner la parmigiana ! Dans un plat à gratin, on étale une couche de tomates qu'on recouvre de rondelles d'aubergines. On enneige de parmesan, puis on recouvre de tranches de mozza et de feuilles de basilic. Et on répète l'opération jusqu'à épuisement des stocks et remplissage du plat en terminant par une couche de parmesan.

5 — Ensuite, on enfourne à 180 °C pour 35-45 minutes et on termine la cuisson par 5 minutes de gril, histoire que ce soit bien gratiné comme on aime.

Astuce : c'est encore meilleur le lendemain !

GNOCCHIS au gorgonzola

pour 6 personnes, il faut :

1,5 kg de pommes de terre à chair farineuse, 1 œuf, (au moins) 500 g de farine (plus celle pour le plan de travail), 500 g de gorgonzola, 50 g de beurre, sel, poivre

Quand on a un peu de temps devant soi et la perspective d'une tablée d'amis affamés qui s'apprêtent à envahir la maison, il faut avoir le réflexe gnocchis, histoire de bien les rassasier avec un plat régressif à souhait qu'on partage à la cuillère en bois. Autant vous prévenir, ce sera moins hot que dans *Le Parrain* entre Sofia Coppola et Andy Garcia !

1 — Après avoir épluché et coupé les pommes de terre en gros morceaux, on les fait cuire 20 minutes dans une casserole d'eau bouillante, puis on les égoutte et on les écrase au presse-purée dans un grand saladier.

2 — Lorsqu'elles ont refroidi, on ajoute l'œuf, du sel et du poivre. On incorpore progressivement la farine et on mélange à la main (il faut malaxer un petit moment) jusqu'à ce que la pâte ne colle presque plus aux doigts. Sur un plan de travail fariné, on coupe des morceaux de pâte qu'on étire en boudins. On recoupe ces boudins en petits tronçons de 2-3 cm qu'on réserve sur de grandes assiettes, bien espacés pour éviter qu'ils se collent entre eux.

3 — On plonge ensuite ces gnocchis dans de l'eau bouillante salée. Lorsqu'ils remontent, c'est qu'ils sont cuits (il faut 1 ou 2 minutes) et qu'il est temps de les sortir avec une écumoire.

4 — Pendant ce temps-là, dans un grand saladier, au fur et à mesure de la cuisson, on mélange les gnocchis avec quelques morceaux de beurre et de gorgonzola. Lorsque tout est cuit, on poivre et on mélange allègrement. Un vrai scandale tellement c'est appétissant !

Astuce : faire fondre un peu de beurre avec de la sauge pour en arroser les assiettes au moment de servir, histoire de couler définitivement !

PÂTES
au brocoli

pour 4 personnes, il faut :

500 g de pâtes courtes (type torchietti*), 1 brocoli, 1 verre de lait, 1 gousse d'ail, 100 g de parmesan râpé, 10 tranches très fines de speck, huile d'olive, sel, poivre*

1 — On commence par détailler le brocoli (tête et pied) en gros morceaux qu'on fait cuire à la vapeur environ 15 minutes.

2 — On transfère le brocoli dans une casserole, on ajoute le lait, l'ail haché, du sel, du poivre et on fait cuire à feu doux pendant 10 minutes.

3 — Ensuite, on écrase le tout avec le presse-purée jusqu'à obtenir une purée homogène.

4 — Hors du feu, on intègre le parmesan et le speck coupé en petites lamelles.

5 — Pendant ce temps-là, on fait cuire les pâtes *al dente*.

6 — Une fois que les pâtes sont égouttées, on y mélange allègrement la purée de brocoli en ajoutant un peu d'huile d'olive.

RISOTTO AUX champignons

pour 4 personnes, il faut :

500 g de champignons frais (par exemple, pleurotes, chanterelles ou girolles), 200 g de champignons séchés (cèpes ou autres) pour le bouillon, 500 g de riz carnaroli (ou arborio), 1 oignon, 1 verre de vin blanc sec, 80 g de beurre, 50 g de parmesan râpé, huile d'olive, sel, poivre

1 — Avant toute chose, on prépare le bouillon en versant de l'eau bouillante sur les champignons séchés et en laissant infuser 30 minutes dans une casserole.

2 — Dans une poêle, on fait suer l'oignon émincé quelques minutes dans de l'huile d'olive et on ajoute le riz. Après avoir bien mélangé, on verse le verre de vin blanc.

3 — Ensuite, on arrose de 2 grandes louches de bouillon bien chaud. Tout en surveillant et en remuant un peu, on laisse le riz absorber le bouillon (jusqu'à ce qu'il commence à coller à la poêle), puis on ajoute 2 autres louches, ainsi de suite jusqu'à ce que le riz soit *al dente*. Cela prend environ 20 minutes. À ce moment-là, on sale et on poivre.

4 — Pendant ce temps, on fait revenir les champignons bien lavés et émincés à la poêle dans un peu de beurre. Lorsqu'ils sont cuits, on les intègre au riz avec quelques noisettes de beurre (c'est ce qui s'appelle *mantecare* le risotto), puis on incorpore le parmesan. On mélange pour obtenir un risotto bien crémeux et on sert. Miam !

OSSO BUCO

pour le bouillon, il faut :

1 morceau de bœuf et 1 os à moelle, 3 carottes moyennes, 2 oignons jaunes, 3 branches de céleri, 1 feuille de laurier, sel, poivre

1 — On commence par préparer un bon bouillon : on fait cuire la viande et les légumes coupés 30 minutes dans 2 litres d'eau bouillante bien assaisonnée.

2 — On fait gentiment dorer les oignons émincés dans un peu d'huile d'olive. Quand ils sont colorés, on verse la moitié du verre de vin blanc tout en continuant la cuisson jusqu'à ce que les oignons soient parfaitement dorés, puis on les réserve.

3 — Dans la même poêle, on ajoute un peu d'huile d'olive et on fait dorer les quatre osso buco (jarrets) préalablement farinés sur les deux faces. Une fois qu'ils sont colorés, on verse le demi-verre de vin blanc restant.

pour 4 personnes, on a besoin de :

4 osso buco : jarret de veau coupé en tranches, avec l'os et sa moelle, 250 g d'oignons jaunes, 1 verre de vin blanc sec, 50 g de farine, 1 bouquet de persil, 2 gousses d'ail, 1 citron non traité, huile d'olive

4 — Après quelques minutes, on couvre la viande du bon bouillon et on laisse mijoter à couvert pendant 35 minutes.

5 — À ce moment-là, on retourne les jarrets et on les couvre avec les oignons dorés avant de prolonger la cuisson à couvert pendant 25 minutes.

6 — Pendant ce temps, on en profite pour préparer le *tritato* ! On hache finement le persil et les 2 gousses d'ail et on les mélange en y ajoutant le zeste du citron râpé. Juste avant de servir, on incorpore vite fait ce *tritato* à la sauce et on en badigeonne allègrement la viande et les oignons.

Astuce : servir avec un risotto au safran.

SCHIACCIATA aux raisins

pour 6 personnes, il faut :

1,3 kg de raisin noir à petits grains (comme le muscat du mont Ventoux), 300 g de farine T55 (plus celle pour le plan de travail), 1 pincée de sel, 7 cuil. à soupe de sucre en poudre, 20 g de levure boulangère, 2 cuil. à soupe d'huile d'olive (plus celle pour arroser), 40 cl d'eau tiède

1 — Dans un saladier, on mélange la farine, le sel et 2 cuillerées à soupe de sucre et on ajoute la levure (préalablement émiettée dans un peu d'eau) et l'huile d'olive. On forme la pâte en ajoutant l'eau tiède *piano piano* et en mélangeant.

2 — Quand la pâte semble homogène, on façonne une boule et on laisse reposer au moins 2 heures dans la cuisine – ou dans le four (froid !), par exemple.

3 — On huile la plaque du four qui va servir de moule.

4 — On sort la pâte et on la divise en deux parts pas tout à fait égales, représentant environ 55 % et 45 %. On étend les 55 % à la main directement sur la plaque de four huilée pour qu'elle l'occupe bien jusqu'aux bords.

5 — Puis on la couvre avec la moitié des grains de raisin et on saupoudre de 2 cuillerées à soupe de sucre. Il faut vraiment que toute la pâte soit couverte de grains de raisin : pas d'espace vide !

6 — Sur un plan de travail fariné, on étend le reste de pâte au rouleau à pâtisserie, jusqu'à obtenir une feuille bien fine avec laquelle on recouvre délicatement les raisins. En faisant bien attention à ne pas trouer la pâte, on soude les deux niveaux du gâteau près des bords.

7 — Ensuite, on couvre avec le reste des grains de raisin, on saupoudre de 3 autres cuillerées à soupe de sucre et on arrose d'un peu d'huile d'olive – évidemment !

8 — On enfourne à 180 °C pendant 50 minutes, jusqu'à ce que le gâteau soit bien doré.

9 — On attend enfin que le gâteau refroidisse pour le dévorer. Et surtout, on en garde un peu parce que c'est encore meilleur le lendemain.

Astuce : choisir le raisin avec les plus petits grains.

annexes

index des recettes

À ma mère.

Je remercie Nello Renault dont les mises en scène du quotidien ont nourri mes rêves d'enfant ; mon père pour son approche humble de la cuisine ; Antonio et Priscilla Carluccio de m'avoir transmis le sens de la table ; Émile pour l'accueil qu'il réserve toujours à mes recettes, Granny de me soutenir dans mes folies.

Mes ami.e.s Albane, Alice, Amandine, Benjamin, Bianca, Christophe, Clara, Ella, Eva, Jade, Jamal, Jo, Justine, Louise-Sophie, Lucile, Léna, Maïwenn, Natan, Pierre, Ulysse et tous ceux qui se réjouissent de gloutonner autour de la table-porte à Olivet.

remercie-ments